JN233894

壁面ポップ&イラストBOOK

教室で役立つカラーコーディネート満載！

［イラスト］
桜木恵美
［カラーコーディネート］
後藤阿澄

いかだ社

この本の使い方

　日本の保育園や学校の室内は、たいてい色数が少なめで無味乾燥、というのが通り相場でしょう。
　先生方や保育士のみなさんが、知恵をしぼって壁面ポップ（壁面飾り）を自作し、教室をカラフルに変身させようと奮闘なさっているのが現状です。
　「でも、どうやって造ったらいいの？」「私は絵心もないし……」「造ってみたけれど、かえってゴチャゴチャした印象になってしまった」「季節に合わせた雰囲気の壁面にしたいのだが、いいアイデアはないだろうか」
　そんな願いに応えるのが、この「壁面ポップ＆イラストBOOK」です。色鮮やかでセンスのよい壁面ポップを、短時間で、手間をかけずに造れるアイデアがいっぱいつまっています。

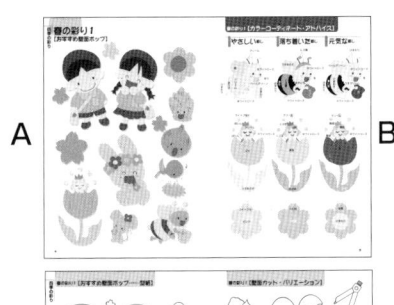

【この本の構成】

　基本的にはA・B・C・Dの4ページで1組になっています。
　A　じっさいにラシャ紙を切り抜いて造った、カラフルな作品を紹介。
　B　同じ絵柄でも、配色を変えるだけでガラッと印象が変わります。「やさしい」「落ち着いた」「元気な」と3種のカラーコーディネートを提案。（色名はラシャ紙の名称に合わせてあります。）
　C　Aで紹介した作品の原画カット（型紙）を掲載。
　D「型紙」のバリエーションを紹介。

【壁面ポップの造り方……例】

❶　お気に入りのカット（型紙）が見つかったら、造りたいイメージに合わせて各部分の色を決める。
❷　型紙を希望の大きさに拡大して、直接色紙にコピーするか、拡大したものを下敷きに色紙へトレースして、部品を造る。
❸　はさみやカッターで、ていねいに切り抜く。
❹　それぞれの部品をのりで張り合わせるか、大きな台紙に張り付ける。
❺　目や口などをサインペンで描き加えればできあがり。

　この本の後半には、型紙カットをテーマ別にできるだけたくさん載せました。自在にカラーコーディネートして、自分だけの壁面ポップをつくってください。

目次

四季の彩り ………… 4
春夏秋冬それぞれのイメージを盛り込んだ
カットと、季節感にあふれた
カラーコーディネートを紹介します。

春の彩り1 ………… 4
春の彩り2 ………… 8
夏の彩り1 ………… 12
夏の彩り2 ………… 16
秋の彩り1 ………… 20
秋の彩り2 ………… 24
冬の彩り1 ………… 28
冬の彩り2 ………… 32

シンボル・キャラクターをつくろう …… 44

誕生会も彩りいっぱい …… 48

型紙バラエティ
こんなにいっぱい四季おりおり …… 52
4月　入学式・入園式 ………… 52
5月　子どもの日 ………… 55
6月　梅雨どき ………… 58
7月　夏休み ………… 61
8月　海で遊ぼう ………… 64
9月　みのりの秋・芸術の秋 ………… 67
10月　運動会・学芸会 ………… 70
11月　遠足・七五三 ………… 73
12月　クリスマス ………… 76
1月　お正月 ………… 79
2月　節分・雪遊び ………… 82
3月　進級、卒業・卒園 ………… 85

型紙バラエティ
こんなにいっぱい表・マークなど …… 88
メッセージ・カード　88　　時間割　89
当番表　90　　献立表　91
標語マーク　92　　場所マーク　93
クラス表示　94

カラーコーディネート・コラム

色のイメージを知ろう　カラーコーディネートで楽しい壁面ポップ …… 36

3つの要素が色を決める
色相　　明度　　彩度

色のイメージを知ろう
暖かい色・冷たい色　　興奮する色・沈静する色　　陽気な色・陰気な色
派手な色・地味な色　　強い色・弱い色　　　　　　重い色・軽い色
柔らかい色・硬い色　　膨らむ色・縮む色

教室をカラフルに！　壁面ポップ、おしゃれな色の使い方 …… 40
元気な感じに　　ポップな感じに　　目立たせる　　落ち着いた感じに
やさしい感じに　メリハリをつける　統一感を出す　色をうまく合わせる
遠くからでもはっきりと　　同系色を使いこなす　　季節感を演出

四季の彩り

春の彩り1
【おすすめ壁面ポップ】

春の彩り1【カラーコーディネート・アドバイス】

やさしい感じ

ハチ:
- クリーム
- 桃
- ホワイトローズ
- ばら
- ひまわり
- あさぎ
- クリーム
- ペールグリーン
- ひまわり
- ホワイトローズ

チューリップ:
- ライトブルー
- ぼたん
- クリーム
- ぼたん
- ホワイトローズ
- ばら
- うすあさぎ

花:
- ライトブルー
- ピンク

落ち着いた感じ

ハチ:
- にぶ黄
- うすあさぎ
- ホワイトローズ
- 朱
- 濃紫
- にぶ黄
- みずいろ
- ひまわり
- からし
- ホワイトローズ

チューリップ:
- クリーム
- にぶ空
- 山吹
- ホワイトローズ
- にぶ空
- 黄色
- あさ緑

花:
- べに鮭
- うす青

元気な感じ

ハチ:
- ひまわり
- ペールグリーン
- ホワイトローズ
- 朱
- ひまわり
- 濃松葉
- うすクリーム
- ひまわり
- 赤
- ホワイトローズ

チューリップ:
- クリーム
- 黄緑
- 黄色
- ホワイトローズ
- 黄緑
- 赤
- るり

花:
- 若緑
- ひまわり

四季の彩り

春の彩り1【おすすめ壁面ポップ……型紙】

春の彩り1【壁面カット・バリエーション】

四季の彩り

春の彩り2
【おすすめ壁面ポップ】

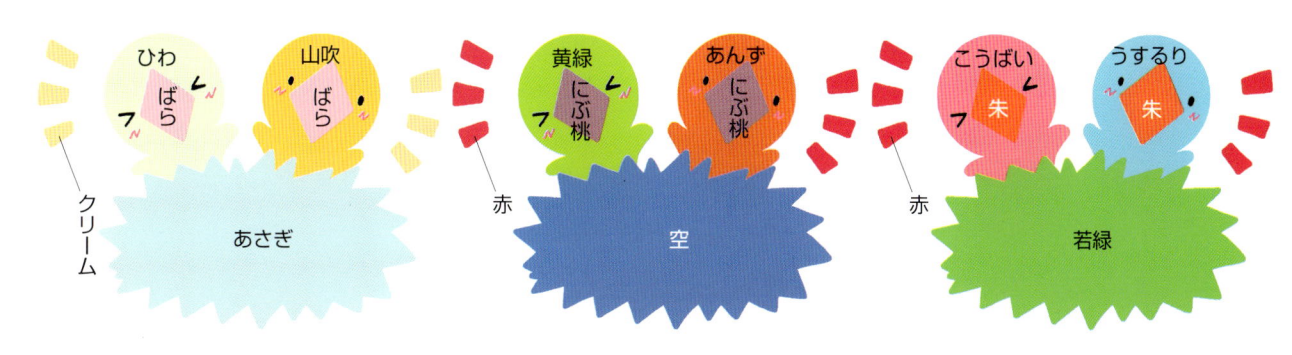

春の彩り2【カラーコーディネート・アドバイス】

やさしい感じ

- ひわ／ばら
- 山吹／ばら
- クリーム
- あさぎ

- 象牙
- べに鮭
- 若葉

- 黄緑
- ばら
- ライトブルー

落ち着いた感じ

- 黄緑／にぶ桃
- あんず／にぶ桃
- 赤
- 空

- ライトブルー
- すすき
- 青緑

- にぶ桃
- オレンジ
- 新橋

元気な感じ

- こうばい／朱
- うするり／朱
- 赤
- 若緑

- ひまわり
- 濃あさぎ
- オレンジ

- うするり
- 朱
- 若緑

四季の彩り

春の彩り2【おすすめ壁面ポップ……型紙】

春の彩り2【壁面カット・バリエーション】

夏の彩り1
【おすすめ壁面ポップ】

四季の彩り

夏の彩り1【カラーコーディネート・アドバイス】

やさしい感じ | 落ち着いた感じ | 元気な感じ

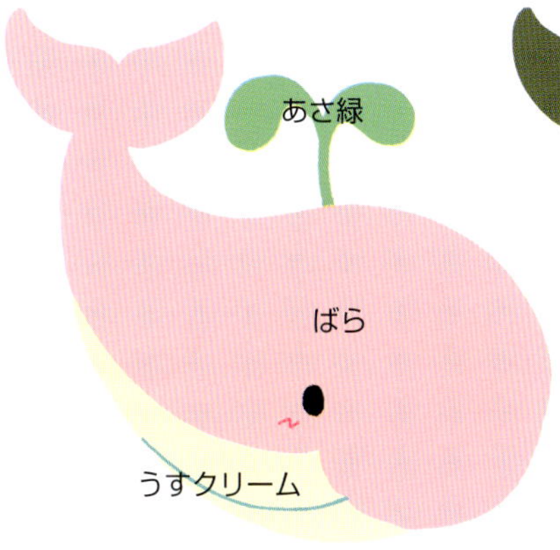

クジラ(上段)
- やさしい感じ：あさ緑／ばら／うすクリーム
- 落ち着いた感じ：栗／草／ペールグリーン
- 元気な感じ：もえぎ／赤／うすクリーム

魚(中段)
- やさしい感じ：クリーム／ばら／ラベンダー／濃あさぎ
- 落ち着いた感じ：うするり／ばら／にぶ空／濃青
- 元気な感じ：若緑／ばら／山吹／濃青

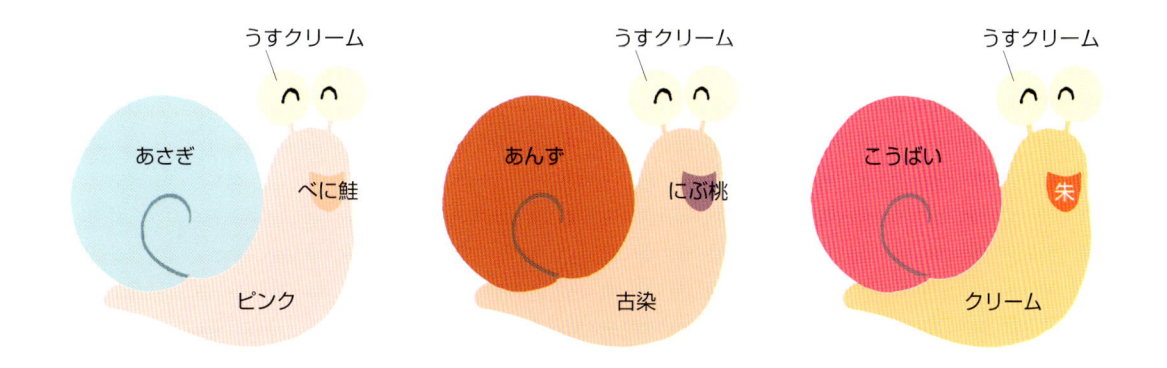

カタツムリ(下段)
- やさしい感じ：うすクリーム／あさぎ／べに鮭／ピンク
- 落ち着いた感じ：うすクリーム／あんず／にぶ桃／古染
- 元気な感じ：うすクリーム／こうばい／朱／クリーム

夏の彩り1【おすすめ壁面ポップ……型紙】

四季の彩り

夏の彩り1【壁面カット・バリエーション】

夏の彩り2
【おすすめ壁面ポップ】

四季の彩り

夏の彩り2【カラーコーディネート・アドバイス】

やさしい感じ

太陽:
- 山吹
- うすクリーム

人物:
- うすクリーム
- ピンク
- ときわ
- クリーム
- パールピンク
- べに鮭
- 栗
- 黄緑
- こうばい
- みずいろ
- 緑
- 新橋
- パールピンク

花:
- 黄色
- クリーム
- うす鼠
- みずいろ
- あさ緑

落ち着いた感じ

太陽:
- にぶあさぎ
- 黄色

人物:
- ホワイトブルー
- うすあさぎ
- ときわ
- 濃茶
- パールピンク
- こうばい
- 栗
- 白茶
- 赤
- はなだ
- 緑
- 新橋
- パールピンク

花:
- にぶ黄
- からし
- 桃
- 若葉
- 緑

元気な感じ

太陽:
- こうばい
- ひまわり

人物:
- 黄色
- にぶ黄
- ときわ
- べに鮭
- パールピンク
- 赤
- 栗
- うするり
- 赤
- 赤
- 緑
- 新橋
- パールピンク

花:
- ひまわり
- 朱
- すすき
- るり
- 緑
- 黄緑

17

四季の彩り

夏の彩り2【おすすめ壁面ポップ……型紙】

夏の彩り2【壁面カット・バリエーション】

秋の彩り1
【おすすめ壁面ポップ】

四季の彩り

秋の彩り1【カラーコーディネート・アドバイス】

やさしい感じ

- ひわ
- クリーム
- べに鮭
- クリーム
- こうばい
- クリーム
- ばら

- ライトブルー
- みずいろ
- うすクリーム

- すすき
- うす藤
- 藤
- あさ緑
- ぼたん

落ち着いた感じ

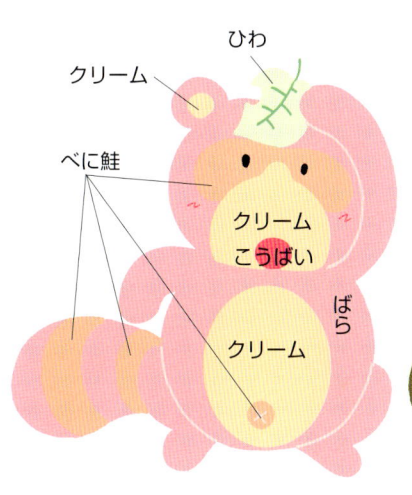

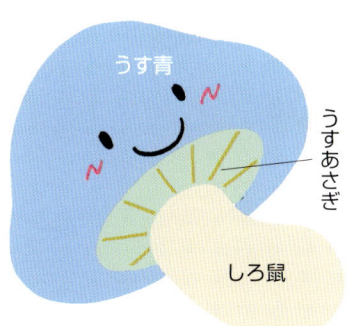

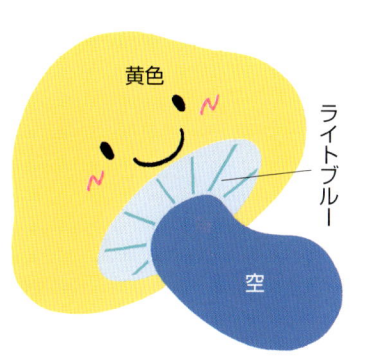

- にぶ黄
- クリーム
- 栗
- クリーム
- にぶ桃
- クリーム
- オリーブ

- うす青
- うすあさぎ
- しろ鼠

- たばこ
- 梅鼠
- 濃紫
- 若葉
- あざみ

元気な感じ

- 若緑
- クリーム
- ピンク
- クリーム
- 朱
- クリーム
- 赤

- 黄色
- ライトブルー
- 空

- べんがら
- あさ緑
- 青緑
- 濃緑
- 若緑
- 群青
- 黄緑

四季の彩り

秋の彩り1【おすすめ壁面ポップ……型紙】

秋の彩り1【壁面カット・バリエーション】

秋の彩り2
【おすすめ壁面ポップ】

四季の彩り

24

秋の彩り2【カラーコーディネート・アドバイス】

やさしい感じ

- 山吹
- 古染
- ピンク
- べに鮭
- クリーム
- うすあさぎ
- 黄緑

落ち着いた感じ

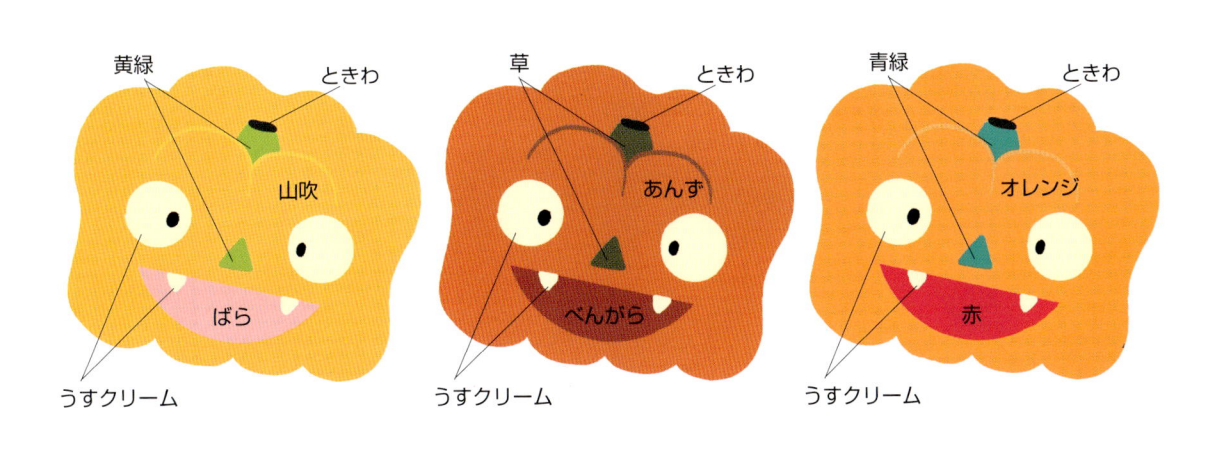

- にぶ桃
- 古染
- ひわ
- にぶ空
- ベージュ
- 草
- もえぎ

元気な感じ

- 緋色
- 古染
- こうばい
- ひまわり
- うするり
- 新橋
- 若緑

- 黄緑
- ときわ
- 山吹
- ばら
- うすクリーム

- 草
- ときわ
- あんず
- べんがら
- うすクリーム

- 青緑
- ときわ
- オレンジ
- 赤
- うすクリーム

- ひわ
- ピンク
- 桃

- にぶ空
- うす藤紫
- 桃

- あさ緑
- 朱
- 桃

四季の彩り

秋の彩り2【おすすめ壁面ポップ……型紙】

26

秋の彩り2【壁面カット・バリエーション】

冬の彩り1
【おすすめ壁面ポップ】

四季の彩り

冬の彩り1【カラーコーディネート・アドバイス】

やさしい感じ

- 緑
- からし
- すすき
- ホワイトブルー
- ホワイトローズ
- 象牙
- ライトブルー

- ライトブルー
- 山吹
- ばら
- こうばい

- 山吹
- ライトブルー
- ピンク
- ぼたん
- 濃松葉

落ち着いた感じ

- 緑
- からし
- たばこ
- ホワイトブルー
- もえぎ
- にぶ桃
- はなだ

- ライトブルー
- 緑
- ペールグリーン
- にぶ黄

- 群青
- うす青
- ピンク
- ぼたん
- 濃松葉

元気な感じ

- 緑
- からし
- わらび
- ホワイトブルー
- 赤
- オレンジ
- 濃青

- ライトブルー
- 群青
- ひまわり
- 朱

- るり
- 山吹
- ピンク
- ぼたん
- 濃松葉

冬の彩り1【おすすめ壁面ポップ……型紙】

四季の彩り

冬の彩り1【壁面カット・バリエーション】

四季の彩り

冬の彩り2
【おすすめ壁面ポップ】

冬の彩り2【カラーコーディネート・アドバイス】

やさしい感じ

- 黄色
- 鉄
- ばら
- 象牙
- あさぎ

- クリーム
- ばら

- 赤
- ライトブルー
- あさ緑
- クリーム
- ピンク

落ち着いた感じ

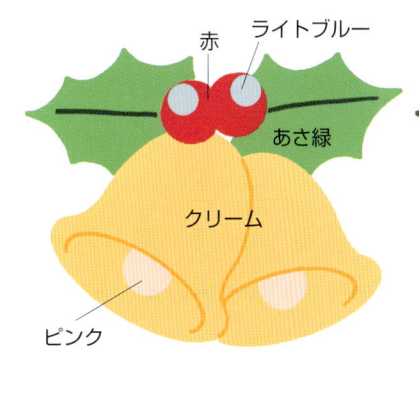

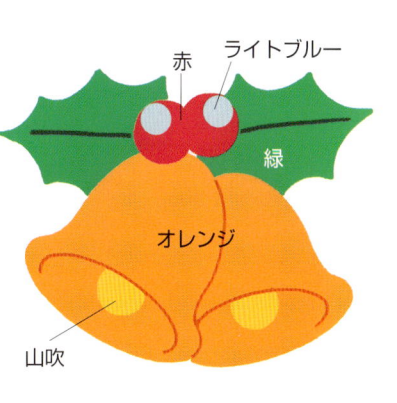

- クリーム
- えんじ
- えんじ
- しろ鼠
- べに鮭

- みずいろ
- 新橋

- 赤
- ライトブルー
- 新橋
- にぶ黄
- からし

元気な感じ

- 黄色
- 鉄
- 緋色
- 象牙
- 若緑

- うすクリーム
- 赤

- 赤
- ライトブルー
- 緑
- オレンジ
- 山吹

冬の彩り2【おすすめ壁面ポップ……型紙】

四季の彩り

冬の彩り2【壁面カット・バリエーション】

【コラム】
色のイメージを知ろう
カラーコーディネートで楽しい壁面ポップ

　私たちのまわりには、さまざまな色があふれています。そうした色を目にするとき、私たちは嬉しい、楽しい、悲しい、好き・嫌いといった感情を持ち、それは1つのイメージを描き出します。

　つまり、色には個人の嗜好に関係なく、見た人のほとんどが同じような感情を抱き、共通して持つイメージがあるのです。これは色の性質によって決定されます。

　このコラムでは、こうした色を使うさいに大きなポイントとなる、色の基本的な性質を説明します。

> 　38、39ページによりくわしい解説を載せてあります。なお、実際の色の説明には、身近にあるラシャ紙の名称を使うことにしました。手近にある実際の紙をご覧いただくと理解しやすいことと思います。（ラシャ紙の名称は太字で表記してあります。）

■ 3つの要素が色を決める

1 色相（色味）
- 赤
- るり
- ひまわり
- 緑

2 明度（明るさ）
- +白 ← 緑 → +黒
- うすあさぎ
- ときわ

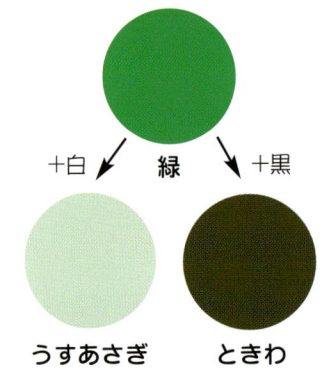

3 彩度（鮮やかさ）
- 赤 ◆▶ 藤紫
- 黄色
- 濃茶

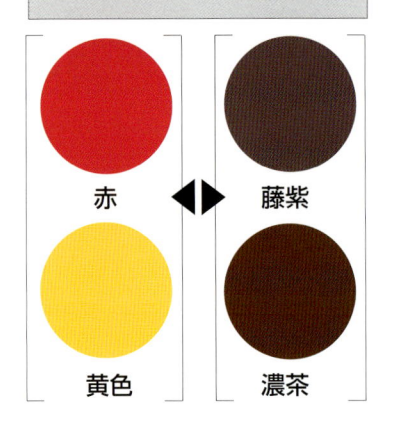

■ 色のイメージを知ろう

1 暖かい色・冷たい色
（暖色・寒色と中間色）

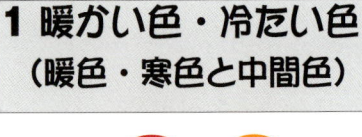

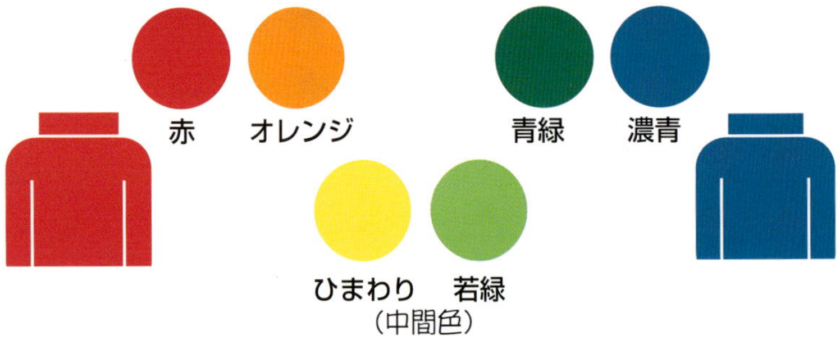

- 赤
- オレンジ
- 青緑
- 濃青
- ひまわり
- 若緑
（中間色）

2 興奮する色・沈静する色

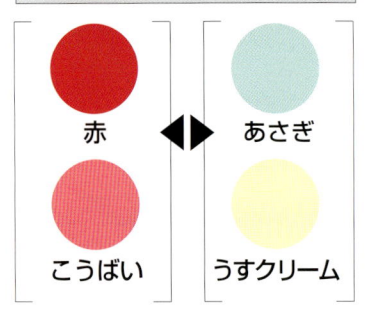

- 赤 ◆▶ あさぎ
- こうばい
- うすクリーム

3 陽気な色・陰気な色

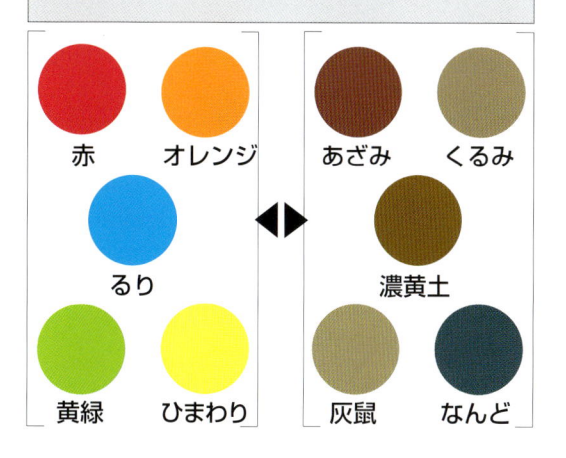

- 赤
- オレンジ
- るり
- 黄緑
- ひまわり

◆▶

- あざみ
- くるみ
- 濃黄土
- 灰鼠
- なんど

4 派手な色・地味な色

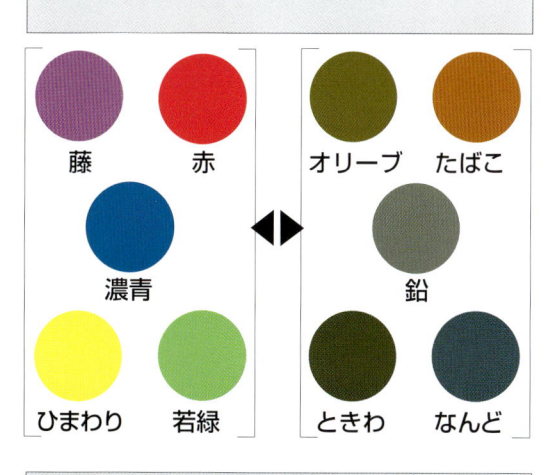

- 藤
- 赤
- 濃青
- ひまわり
- 若緑

◆▶

- オリーブ
- たばこ
- 鉛
- ときわ
- なんど

5 強い色・弱い色

- 赤
- ひまわり
- 濃青

◆▶

- ホワイトローズ
- ライトブルー
- ハーブ

6 重い色・軽い色

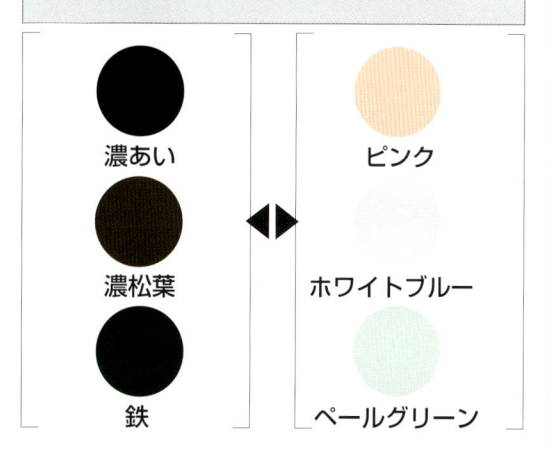

- 濃あい
- 濃松葉
- 鉄

◆▶

- ピンク
- ホワイトブルー
- ペールグリーン

7 柔らかい色・硬い色

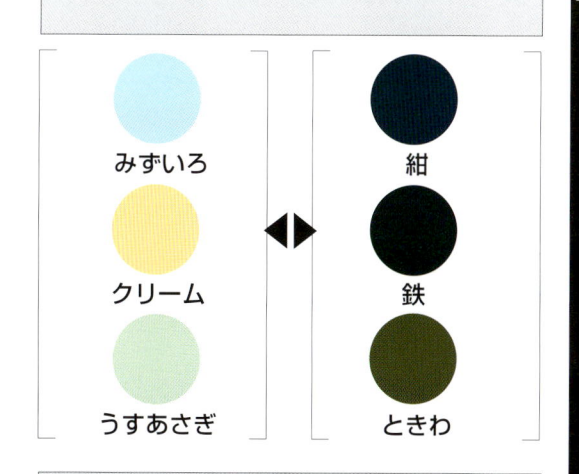

- みずいろ
- クリーム
- うすあさぎ

◆▶

- 紺
- 鉄
- ときわ

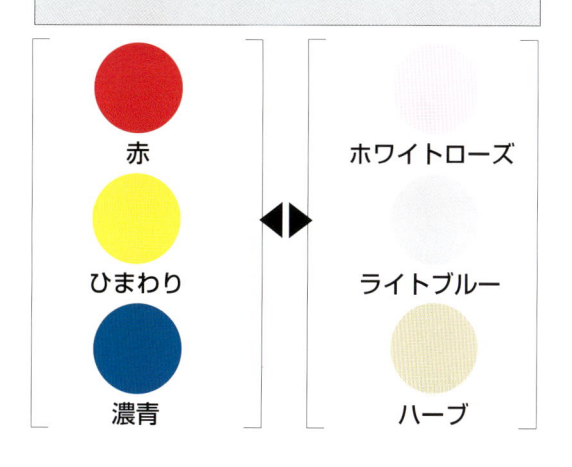

8 膨らむ色・縮む色
（膨張色・収縮色）

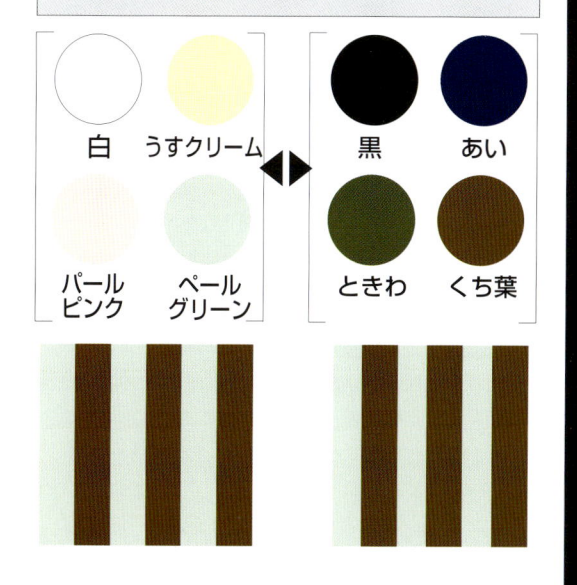

- 白
- うすクリーム
- パールピンク
- ペールグリーン

◆▶

- 黒
- あい
- ときわ
- くち葉

色のイメージを知ろう

37

3つの要素が色を決める

色は、色相・明度・彩度の3つによって成り立っています。この3つを知ることで色の扱いが楽になり、幅が広がります。

1 色相

色相とは、「色味」のことです。赤、るり、ひまわり、緑など、色相には無限といっていいほどの色数があります。

> 色相の違いによっておこる
> 色のイメージ
> 【暖かい・冷たい】
> 【興奮・沈静】など

2 明度

明度とは、「色の明るさ」のことです。同じ緑でも、白を混ぜていくとうすあさぎに近い色になり、反対に黒を混ぜていくとときわに近い色になります。うすあさぎのように白っぽい色を「明度が高い」といい、ときわのように黒っぽい色を「明度が低い」といいます。

> 明度の違いによっておこる
> 色のイメージ
> 【柔らかい・硬い】【膨張・収縮】
> 【重い・軽い】など

3 彩度

彩度とは、「色の鮮やかさ」のことです。赤や黄色は濁りがなく鮮やかですが、藤紫や濃茶は赤や黄色ほど鮮やかではありません。鮮やかな色を「彩度が高い」といい、暗く濁った色を「彩度が低い」といいます。

> 彩度の違いによっておこる
> 色のイメージ
> 【陽気・陰気】【派手・地味】
> 【強い・弱い】など

色のイメージを知ろう

つぎに、それぞれの色が持つイメージについて説明します。

1 暖かい色・冷たい色
（暖色・寒色と中間色） 色相

私たちは、ちょうど皮膚で温度を感じるように、目で見た色から温度を感じ取ることができます。

赤、オレンジのような赤っぽい色は暖かい感じがし、青緑、濃青のように青っぽい色は冷たい感じがします。赤いセーターのほうが青いセーターよりも暖かく感じるのはこのためです。

暖かいイメージの色は「暖色系の色」、冷たいイメージの色は「寒色系の色」とも呼びます。暖かい色は人を活動的にし、冷たい色は人を冷静にします。つまり赤の「動」に対し、青は「静」がイメージできるわけです。

また、ひまわり、若緑などのような緑や黄色系統の色は「中間色」といい、あまり温度を感じさせない色です。ですから、暖色系とともに用いると暖色系の仲間入りをし、寒色系と一緒に使うと寒色系の仲間入りをします。

2 興奮する色・沈静する色 色相

色は目で見ると同時に肌で感じ、人に生理的に作用します。うまく色を使うことで、感情をコントロールすることもできます。

赤、こうばいなどの暖かい色や派手な色は人の興奮を促し、あさぎ、うすクリームなどの冷たい色や白っぽい色は人の精神を沈静させる効果があります。病院の内装に白や淡い色が多く使われるのは、患者の興奮をおさえ、清潔感を出すためです。

また、赤い部屋に長時間いると実際に血圧が上がり、興奮状態になるといいます。（「興奮・沈静」のイメージには彩度の違いも少し関係があります。）

3 陽気な色・陰気な色　彩度

　陽気さをイメージするのも赤、オレンジ、るり、黄緑、ひまわりなど原色を含む色です。実際の天気の陽気さ、心の陽気さ、ともにウキウキしたイメージがあります。

　反対に陰気をイメージさせる色は、黒や茶色が混じったようなあざみ、くるみ、濃黄土、灰鼠、なんどといった暗く地味で、彩度の低い色です。

4 派手な色・地味な色　彩度

　藤、赤、濃青、ひまわり、若緑のような原色は、派手さをイメージします。

　派手な色は1色で使用しても目立ちます。逆に、複数色を同時に使うときには、うまくコーディネートしなければなりません。

　いっぽうオリーブ、たばこ、鉛、ときわ、なんどなどの茶色系統や、黒が混ざった色は地味なイメージをもっています。1つの色に主張がなく、あまり目立ちません。こうした色ばかりを使うと地味な印象になりますが、他の色と調和しやすい色なので、派手な色の緩和色として使うと効果的です。

5 強い色・弱い色　彩度

　彩度が高い色は主張が強く、距離をおいてみてもはっきり見え、視線が集中します。赤、ひまわり、濃青などの原色に近い色です。

　反対に、彩度が低いと色の主張が弱く、遠目で見ると何色かはっきりしません。ホワイトローズ、ライトブルー、ハーブのような色です。

　強い色を大きい面積で使うと、インパクトが強くなります。目立ちはしますが、落ち着きはありません。反対に弱い色は、人間の精神を落ち着かせる作用があります。あまり目立ちはしませんが、長時間見ていても飽きません。1色で用いた場合、色の主張が少ないぶん、いろんな色との相性がよく、配色によってその効果が現れます。

6 重い色・軽い色　明度

　色は重さを感じさせることもできます。濃あい、濃松葉、鉄のように黒が混じった黒っぽい色は重く感じ、ピンク、ホワイトブルー、ペールグリーンのように白が混じった白っぽい色は軽く感じます。つまり、明度が低い色は重く、明度が高い色は軽く感じるのです。

7 柔らかい色・硬い色　明度

　柔らかい色はみずいろ、クリーム、うすあさぎなどの明度が高い淡く明るい色、硬い色は紺、鉄、ときわなどの明度の低い暗い色です。

　また、ちょっと意味合いが異なりますが、柔らかい・硬いというイメージには、その素材も関係してきます。同じ色の紙でも、ツルツルとしたケント紙とざらざらした画用紙では、画用紙のほうが柔らかく感じます。反対に、色から質感をイメージさせることもできます。赤ちゃん関係の服や品物に柔らかい色が多いのは、柔らかさ、かわいさ、やさしさ、ふわふわ感などを感じさせるためです。

8 膨らむ色・縮む色（膨張色・収縮色）　明度

　うすクリーム、パールピンク、ペールグリーンなどの白っぽい色は膨らんで見え、あい、ときわ、くち葉などの黒っぽい色は縮んで見えます。ですから、同じ大きさの物でも、黒っぽい物よりも白っぽい色の物のほうが大きく見えます。前者を「膨張色」、後者を「収縮色」といいます。

　この2色を組み合わせるときには注意が必要です。膨張色と収縮色のストライプなどは、同じ幅だと膨張色のほうが太く感じてしまうので、膨張色を少し細くするか、収縮色を少し太くします。

色のイメージを知ろう

【コラム】

教室をカラフルに！
壁面ポップ、おしゃれな色の使い方

●元気な感じに

赤　るり
若緑　黄色
白　黒
グレー50　グレー50

ポイント 使いすぎると不快感　濃青＋赤

●ポップな感じに

赤　ひまわり　こうばい　黄緑
白　黒　グレー50

ポイント 隣の色に注意

赤＋黒　赤＋白

●目立たせる

赤　濃青
白＋黄色　黒＋濃茶
鉄　＋　黄色　＋くち葉
うすクリーム＋濃茶＋ピンク

ポイント 反対色

濃青＋黄色　赤　＋　緑

●落ち着いた感じに

パールピンク　うすクリーム
カシミヤ　草
あんず　はなだ

日本の教室は、例外もありますが、たいてい色数が少なめで変化に乏しいものです。無味乾燥になりがちな教室を変身させ、子どもたちが元気と勇気、やる気と安らぎを感じる楽しい空間にしましょう。

そのさい36〜39ページで述べたような色のイメージを活用することが基本ですが、それに縛られる必要はまったくありません。色の力を活かしつつ、じょうずにコーディネートして、自由に、大胆に、楽しく飾りましょう。（42、43ページにくわしい解説があります。）

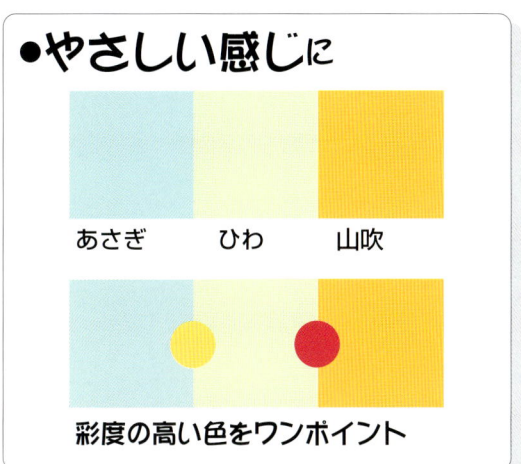

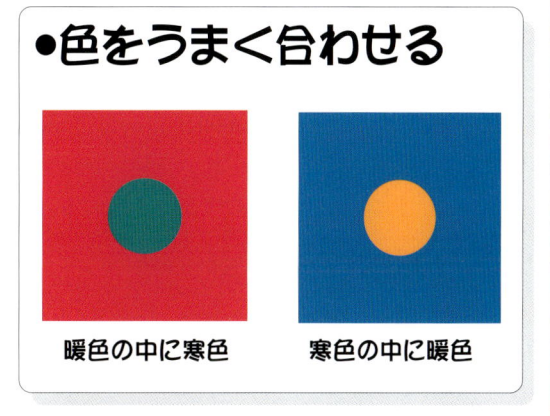

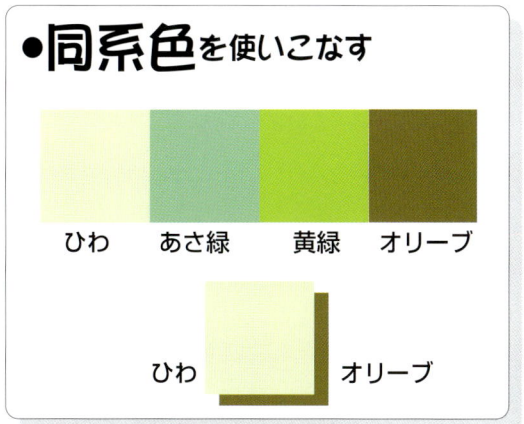

教室をカラフルに！

●やさしい感じに

あさぎ　ひわ　山吹

彩度の高い色をワンポイント

●色をうまく合わせる

暖色の中に寒色　　寒色の中に暖色

●統一感を出す

夏らしく

赤っぽく

ポイント バックに色を

色を敷いた場合

敷かない場合

●同系色を使いこなす

ひわ　あさ緑　黄緑　オリーブ

ひわ　　　　オリーブ

●季節感を演出

春　　　夏
ばら　　　赤

秋　　　冬
たばこ　　うするり

ポイント 組み合わせに意味をもつ色

41

教室をカラフルに！

●元気な感じに

　教室を明るく、元気な感じにするには、赤、るり、若緑、黄色といった主張の強い色をたくさん、あるいは大きな面積で使いましょう。

　しかし、はっきりした色をたくさん使うと、色がお互いに主張し合ってまとまりがなくなりますので、使う色の面積の大小や、色の明暗に違いを持たせて組み合わせます。どうしてもたくさんの色を使いたい場合には、白、黒、グレーなど、色味の少ない色を一緒に使うとよいでしょう。

ポイント　原色の多用には注意を

　刺激の強い原色を多用すると、元気のいい感じにはなりますが、あまり多色を使うと落ち着きのない感じになります。

　例えば濃青の隣に赤を配置すると、刺激が強すぎてかえって不快と感じますので、原色同士を隣り合わせに組み合わせるときは、明度差をつけたり、類似色や同系色でまとめるようにしましょう。

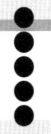

●ポップな感じに

　低年齢の子どもには、明るく派手な色が好まれます。はっきりした色使いを心がけ、ポップでリズミカルな感じにしましょう。

　赤、ひまわり、こうばい、黄緑などの強い色を多めに使いますが、隣同士に配色すると強くなりすぎますから、各色の間を開けてください。あるいは間に白、黒、グレーなどをはさみましょう。これにより色同士を調和させることができます。

ポイント

　隣にくる色によって見え方が違ってくることがあります。例えば白と赤を並べたものと黒と赤を並べたものでは、同じ赤でも白と並べた赤のほうが明るく見えます。

●目立たせる

　赤、濃青などの強い色は1色でも目立ちますが、白の隣にくる黄色、黒の隣にくる濃茶などは、距離をおくと同じ色に見え、目立ちません。

　このような場合は、隣にくる色を工夫しましょう。鉄、くち葉などの濃い色の隣に黄色が来ると、はっきりと目立ちますし、うすクリーム、ピンクのような明るい色の隣に濃茶が来ると目立ちます。

ポイント

　「反対色」をうまく使うのも目立たせるコツです。濃青の反対色は黄色、赤の反対色は緑です。この2色を同時に使うと、とてもはっきりとした目立つ配色になります。

●落ち着いた感じに

　白っぽい色や黒っぽい色は気持ちを落ち着かせ、静かな雰囲気をかもし出します。教室の雰囲気を落ち着かせたい場合、パールピンク、うすクリームなどの明度の高い明るい色、またはカシミヤ、草、あんず、はなだなどの明度の低い暗い色を使います。

　彩度の高い色は気持ちを高ぶらせるので避けるようにします。

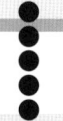

●やさしい感じに

　包み込むような、あたたかでやさしい雰囲気にするには、赤や青などの強い色は極力使わず、明度の高く、白っぽいあさぎ、ひわ、山吹などの柔らかな色を使います。

　ただし、薄い色を多く使うと全体的に白っぽくなってしまいますので、ポイントとなるはっきりとした色を少しだけ入れるようにします。

●メリハリをつける

教室にメリハリをつける秘訣は、目立つ所とそうでない所の差をハッキリつけることです。まったく違う色を組み合わせたり、使う色の面積の大きさに変化をつけたり、色の明るさに差を持たせたり等、いくつかの方法があります。

●統一感を出す

教室のあちこちにいろいろな色が散らばっていては、気持ちが落ち着かず、精神が不安定になります。全体のイメージを決め、それにそってコーディネートしましょう。イメージは「夏らしく」「明るく」などの言葉でもよいし、「緑っぽく」「赤っぽく」など具体的な色の名前でもよいでしょう。

ポイント

飾りが完成したら、教室の壁などにそのまま掲示するだけではなく、作品のバックに色紙を敷いてみましょう。バックに敷く色によって、大きくイメージが変わります。バックは色の面積が大きいため、その作品のイメージを決めてしまうことがあるほどです。この性質は、教室の統一感を出す時に役立ちます。

●色をうまく合わせる

暖色系、寒色系といった同じ系統の色は組み合わせやすいものですが、暖色系だけ、寒色系だけでは、全体的にボヤッとなってしまいます。
このような場合、暖色系の中に小さい面積の寒色系を入れたり、逆に寒色系の中に小さな面積の寒色系を入れたりすると、それがポイントとなり、より全体が引き立ちます。この原理は、お汁粉の中に、塩をひとつまみ入れると、甘さが引き立つのと同じことです。

●遠くからでもはっきりと

教室のどこからでも見えるようにしたいときは、目立つ色を大きい面積で使ったり、隣同士にくる色の配色をはっきりしたものにしたりします。

●同系色を使いこなす

ひとくちに緑といっても、そのグループの中には、ひわ、あさ緑、黄緑、オリーブというようなさまざまな色があります。こうした同系色をじょうずに使いましょう。
例えばひわはオリーブより明るいので、前に飛び出して見えます。つまりオリーブはひわの影として使えるわけです。

●季節感を演出

教室を季節ごとに変化させましょう。見なれた風景が変化すると、新鮮さが生まれ、活気がでます。色は主観的なものですから個人差はありますが、季節のイメージを感じさせる色があります。
春のイメージはばらのような柔らかな色、夏のイメージは赤のような強い色、秋はたばこのような落ち着いた色、冬はうするりのような冷たい色に代表されます。お正月、ひな祭り、節句、運動会などの行事だけでなく、色だけでも季節の移り変わりを感じることができるのです。

ポイント

組み合わせにより意味を持つ色があります。例えば黒と黄色はそれぞれの色ではさほど意味を持ちませんが、2色を組み合わせると、工事現場などによく見られる「危険！注意！」を表わす配色になってしまいます。そうした色の約束にもご注意を。

教室をカラフルに！

シンボル・キャラクターをつくろう
【おすすめ壁面ポップ】

44

シンボル・キャラクター【カラーコーディネート・アドバイス】

やさしい感じ

- ひまわり
- あさぎ
- うすクリーム
- ホワイトローズ
- ひまわり

落ち着いた感じ

- ひまわり
- にぶ青
- ホワイトブルー
- 桃
- ひまわり

元気な感じ

- ひまわり
- 赤
- うすクリーム
- ばら
- ひまわり

- 山吹
- 象牙
- みずいろ

- あさ緑
- ひわ
- 濃松葉

- ひまわり
- うするり
- 濃松葉

- ライトブルー
- クリーム
- ばら
- たばこ

- 若葉
- クリーム
- 白茶
- たばこ

- 若緑
- クリーム
- オレンジ
- 赤

45

シンボル・キャラクター【おすすめ壁面ポップ……型紙】

シンボル・キャラクター【壁面カット・バリエーション】

誕生会も彩りいっぱい
【おすすめ壁面ポップ】

誕生会も彩りいっぱい【おすすめ壁面ポップ……型紙】

誕生会も彩りいっぱい【壁面カット・バリエーション】

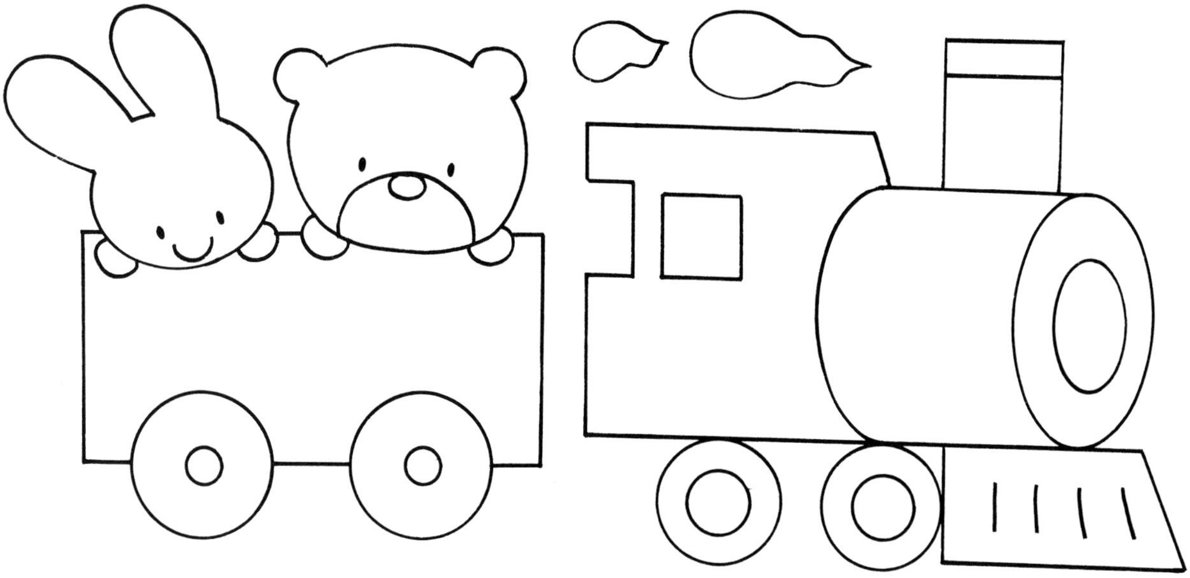

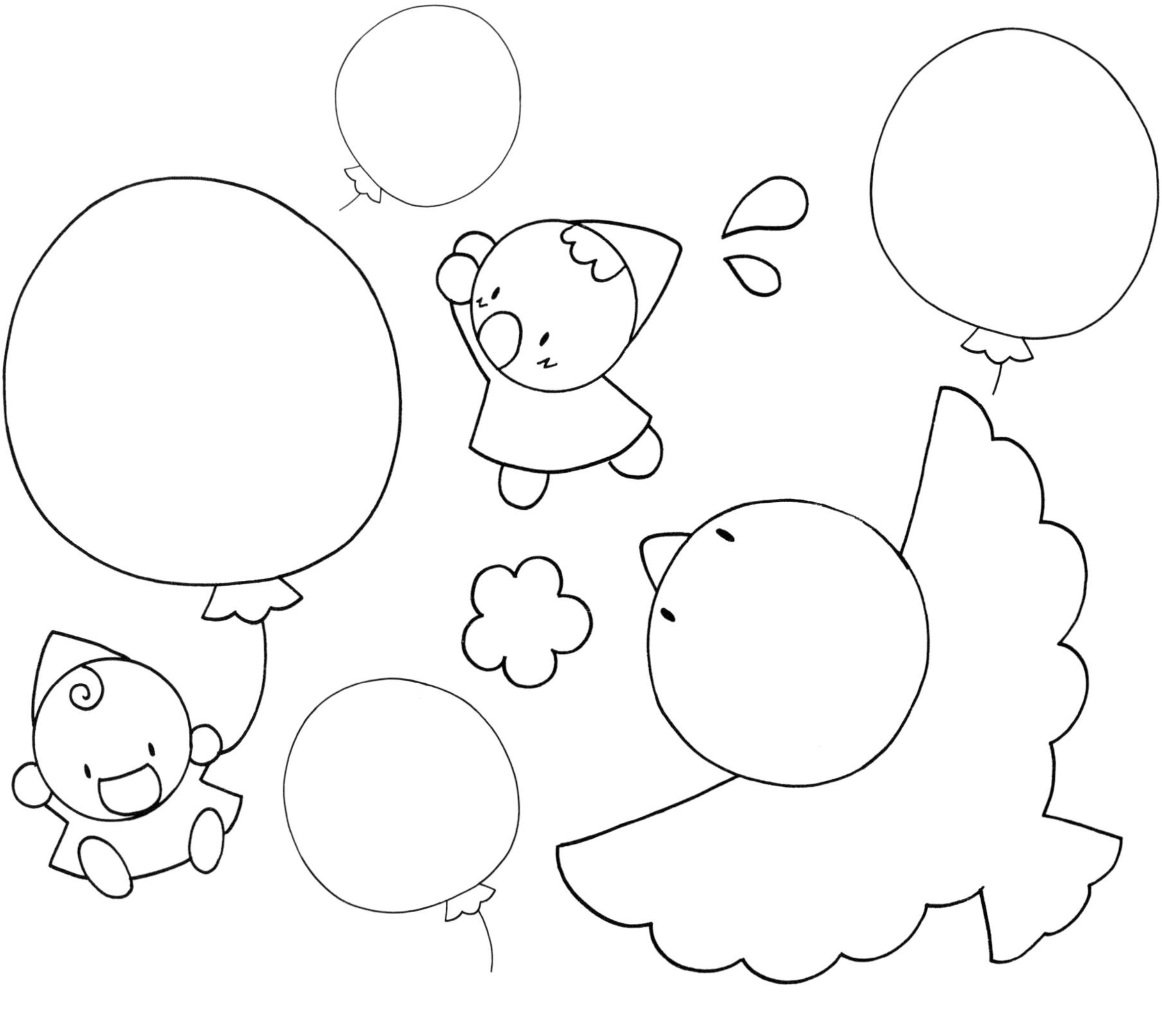

4月 入学式・入園式

型紙バラエティ　こんなにいっぱい四季おりおり

4月

53

4月

型紙バラエティ　こんなにいっぱい四季おりおり

54

5月 子どもの日

5月

型紙バラエティ　こんなにいっぱい四季おりおり

ままへ

5月

6月 梅雨どき

型紙バラエティ　こんなにいっぱい四季おりおり

58

6月

6月

型紙バラエティ　こんなにいっぱい四季おりおり

7月 夏休み

7月

型紙バラエティ　こんなにいっぱい四季おりおり

しゅくだい

62

7月

63

8月 海で遊ぼう

型紙バラエティ こんなにいっぱい四季おりおり

64

8月

65

8月

型紙バラエティ　こんなにいっぱい四季おりおり

9月 みのりの秋・芸術の秋

9月

型紙バラエティ　こんなにいっぱい四季おりおり

9月

10月 運動会・学芸会

型紙バラエティ　こんなにいっぱい四季おりおり

10月

10月

型紙バラエティ　こんなにいっぱい四季おりおり

11月 遠足・七五三

11月

型紙バラエティ　こんなにいっぱい四季おりおり

11月

ちとせあめ
ちとせあめ

12月 クリスマス

型紙バラエティ　こんなにいっぱい四季おりおり

12月

12月

型紙バラエティ　こんなにいっぱい四季おりおり

1月 お正月

1月

型紙バラエティ　こんなにいっぱい四季おりおり

いぬも
あるけば
ぼうにあたる

80

1月

2月 節分・雪遊び

型紙バラエティ　こんなにいっぱい四季おりおり

2月

83

2月

型紙バラエティ　こんなにいっぱい四季おりおり

3月 進級、卒業・卒園

3月

型紙バラエティ こんなにいっぱい四季おりおり

3月

メッセージ・カード

型紙バラエティ　こんなにいっぱい表・マークなど

おしらせ

時間割

	げつ	か	すい	もく	きん	ど
1						
2						
3						
4						
5						
6						

じかんわり

	月	火	水	木	金	土
1						
2						
3						
4						
5						
6						

	月	火	水	木	金	土
1						
2						
3						
4						
5						
6						

当番表

型紙バラエティ　こんなにいっぱい表・マークなど

献立表

標語マーク

型紙バラエティ　こんなにいっぱい表・マークなど

はをみがこう

場所マーク

クラス表示

型紙バラエティ　こんなにいっぱい表・マークなど

著者紹介
●
【イラスト】
さくらぎえみ
桜木恵美

1971年大阪生まれ　広島育ち
22歳から専門学校、漫画家のアシスタントを経て
現在フリーのイラストレーター
他、ホームページの素材製作など

【カラーコーディネート＆コラージュ作成】
ごとうあずみ
後藤阿澄

1975年長崎県生まれ
文化女子大学グラフィック・プロダクト研究室勤務

ブックデザイン●渡辺美知子デザイン室
編集協力●中小路 寛

教室で役立つカラーコーディネート満載！
壁面ポップ＆イラストBOOK

2003年3月12日第1刷発行
2006年3月12日第6刷発行

著者●桜木恵美・後藤阿澄○c
発行人●新沼光太郎
発行所●株式会社いかだ社
〒102-0072 東京都千代田区飯田橋2-4-10 加島ビル
Tel. 03-3234-5365　Fax. 03-3234-5308
振替・00130-2-572993
印刷・製本　株式会社ミツワ

乱丁・落丁の場合はお取り換えいたします。
ISBN4-87051-129-0

●いかだ社の本

学級担任のための 遊びの便利帳 授業で！サタデースクールで！遊びが生きる10の場面別ベスト40
奥田靖二編著　A5判96ページ　定価（本体1300円＋税）

準備いらずの クイック教室遊び 子どもの気持ちをつかむ遊びベスト40プラス4
木村 研編著　A5判96ページ　定価（本体1300円＋税）

まるごと小学校学級担任BOOK 1年生〜6年生（全6冊）
奥田靖二編著　A5判各152ページ　定価各（本体1800円＋税）

小学校1年生 学習と生活の基礎・基本 伸びる・育つための土台づくり
奥田靖二編著　A5判128ページ　定価（本体1600円＋税）

これだけは教えたい 算数 新学習指導要領から削除された［教科書にない］重要内容とは
和田常雄編著　A5判128ページ　定価（本体1600円＋税）

これだけは教えたい 理科 新学習指導要領から削除された［教科書にない］重要内容とは
江川多喜雄編著　A5判128ページ　定価（本体1600円＋税）

まるごと小学校運動会BOOK 子どもがよろこぶ楽しい種目がいっぱい！
黒井信隆編著　A5判192ページ　定価（本体1800円＋税）

こまった時の クラスと行事のための手づくりグッズ
木村 研編著　B5判96ページ　定価（本体1400円＋税）

人間オーケストラ 体は楽器だ！ 『千と千尋の神隠し』を演奏しよう
高橋寛・田中ふみ子編著　B5判96ページ　定価（本体1500円＋税）

算数わくわく楽習（がくしゅう）ランド クイズ＆遊び＆ゲーム70
和田常雄編著　A5判176ページ　定価（本体1800円＋税）

科学で遊ぼ おもしろ実験ランド クイズQ＆A70
江川多喜雄編著　A5判200ページ　定価（本体1800円＋税）

科学で遊ぼ 台所は実験室 ふしぎなことがよ〜くわかる14章
江川多喜雄編著　A5判144ページ　定価（本体1800円＋税）

人体のふしぎ 子どものなぜ？に答える科学の本
江川多喜雄編著　A5判152ページ　定価（本体1800円＋税）

校庭の科学 生きもの観察ランド 四季の草花・虫 さがしてみよう 調べてみよう
江川多喜雄・関口敏雄編著　A5判152ページ　定価（本体1800円＋税）

体育遊び・ゲーム ワンダーランドPART.1／PART.2
黒井信隆編著　A5判192ページ（PART.1）／152ページ（PART.2）　定価各（本体1800円＋税）

水遊び＆水泳 ワンダーランド スイスイ遊べて泳げちゃうベスト81
黒井信隆編著　A5判176ページ　定価（本体1800円＋税）

障害児の遊び・ゲーム ワンダーランド 校庭・室内、どこでも楽しい体育遊びベスト87
竹内 進編著　A5判196ページ　定価（本体1800円＋税）

スーパースクール手品 子どもと楽しむマジック12カ月
奥田靖二編著　B5判96ページ　定価（本体1400円＋税）

ハッピークリスマスマジック だれでもできマス！楽しめマス！
藤原邦恭著　A5判96ページ　定価（本体1300円＋税）

おり紙たこ＆カイト ワンダーランド かんたん！よくあがる！ベスト26
土岐幹男編著　B5判96ページ　定価（本体1500円＋税）

おり紙ヒコーキ ワンダーランド やさしくおれてよく飛ぶ19機
戸田拓夫著　A5判100ページ　定価（本体1300円＋税）

おり紙シアター ワンダーランド 紙1枚で演じる不思議な紙しばい
藤原邦恭著　B5判96ページ　定価（本体1400円＋税）

おり紙マジック ワンダーランド 紙1枚であなたもマジシャン
藤原邦恭著　B5判96ページ　定価（本体1400円＋税）

おり紙メール ワンダーランド 紙1枚がびっくり手紙に大変身
藤原邦恭著　B5判96ページ　定価（本体1400円＋税）

四季の遊び 全4巻 ❶春の遊び ❷夏の遊び ❸秋の遊び ❹冬の遊び
ごくらくとんぼクラブ編　A5判各96ページ　定価各（本体1350円＋税）